Lk 12 79

PRÉCIS

POUR

Hypolite **DEFRASANS**,

HABITANT-PROPRIÉTAIRE

A LA GUADELOUPE,

Et Défenseur-Avoué près les Tribunaux de cette Colonie.

A PARIS,

De l'Imprimerie de **PORTHMANN**, rue Neuve des Petits-Champs, n°. 23.

Brumaire an XII. — 1803.

PRÉCIS

POUR HYPOLITE DE FRASANS, Habitant - Propriétaire à la Guadeloupe, et Défenseur - Avoué près les Tribunaux de cette Colonie.

LA Guadeloupe s'était préservée, jusqu'à la fin de l'année 1792, des désastres que la révolution traînait à sa suite. Le citoyen *Lacrosse*, commandant la frégate *la Félicité*, y débarqua en janvier 1793; il prêcha l'insubordination; il brisa tous les liens formés par la plus sage politique pour la sureté des propriétaires; il alluma le feu de la guerre civile : la colonie, déchirée par les mains qui auraient dû la défendre contre l'ennemi du dehors, tomba bientôt au pouvoir des Anglais.

Peu de tems après, elle fut reprise par une poignée de braves, et, depuis, elle demeura fidèlement attachée à la Métropole, lorsque toutes nos autres colonies des petites Antilles étaient soumises à la puissance britannique. Comme l'île de France, elle brava tous les efforts du tyran des mers; elle arma des corsaires qui firent plus de 1500 prises, et qui

A

rappelèrent ; par leurs exploits, les tems des anciens Flibustiers.

Dans le mois de prairial an 9, le citoyen Lacrosse reparut à la Guadeloupe avec le titre de *Capitaine-général.*

La Colonie était alors paisible et florissante. Pour la maintenir dans cette heureuse situation, et pour y rappeler les principes d'un système conservateur, il ne fallait que des mesures de modération et de prudence : le citoyen Lacrosse était - il bien celui de qui on pût les attendre, et le Gouvernement pouvait - il se trouver convenablement représenté, ses vues pouvaient - elles être remplies par un agent passionné, que surement il ne connaissait pas, mais que la Colonie avait appris à redouter à tant de titres ?

Aussi ses premiers actes troublèrent la tranquillité publique ; il prétexta des complots, sans doute pour se donner aux yeux du Gouvernement le mérite de les avoir déjoués ; il ordonna de nombreuses arrestations ; il déporta une foule de citoyens, il en fit périr d'autres dans les cachots.

Ce qui paraîtra surprenant à quiconque ne connaît pas bien le citoyen Lacrossé, c'est qu'il se soit principalement attaché à proscrire une classe d'hommes qu'il appelait, en 1793, ses *frères et amis*, qu'il *couvrait de ses baisers fraternels*, qu'il regardait comme *le vrai peuple des colonies.* Les tems étaient changés sans doute ; mais si le citoyen Lacrosse avait jugé convenable à ses intérêts de changer avec les tems, n'était-il pas obligé, plus qu'un autre, d'user de ménagemens et d'indulgence à l'égard de cette classe d'hommes dont les anciens égaremens furent son ouvrage ?

Au reste, ils étaient, pour la plûpart, rentrés

(3)

dans les bornes qu'il leur avait fait franchir ; ils ne
demandaient qu'à vivre dans l'oubli du passé : la
persécution qu'il éleva contre eux était donc à la fois
inutile, injuste et dangereuse.

Tant qu'il ne choisit pour victimes de ce nouveau
genre d'excès que de simples particuliers, il ne
trouva aucune résistance. Mais il voulut enlever
à la force - armée des chefs recommandables par
leurs services : une insurrection éclata contre lui,
et le força d'abandonner la Colonie.

Les suites de cette insurrection ont donné lieu
au procès qui va être jugé par le tribunal criminel
du département de la Seine.

Tous les faits sur lesquels roulera ce trop fameux
procès sont déjà connus du public, grâce au zèle
infatigable du Jurisconsulte *Langloys*, dont l'ouvrage a dû faire disparaître toutes les préventions
répandues d'abord par l'intrigue et la calomnie.

On sait donc comment le capitaine-général Lacrosse laissa échapper les rênes du gouvernement
de la Guadeloupe ; on sait comment et par qui
cette île fut préservée des malheurs dont il s'efforça
de l'accabler pendant sa retraite peu honorable
chez les Anglais ; on sait que s'il y eut enfin du
sang répandu et des propriétés incendiées, *ce fut
lorsque le Conseil provisoire eut déposé son autorité*.

Il ne reste plus aux membres de ce *Conseil provisoire* qu'à justifier leur conduite particulière,
comme ils en ont pris l'engagement (*). Je vais
remplir cette tâche : puissai-je convaincre mes juges

____

(*) Voyez la trente-unième note, à la suite du mémoire général.

A 2

(4)

qu'en acceptant les fonctions auxquelles m'appela
la voix publique, je ne fis qu'obéir à la loi de la nécessité , au cri de la nature ; que je fis le bien de
mon pays, et que je contribuai même à sauver
mon implacable accusateur !

Ma famille est de Dijon. Elle fut proscrite en
1793. Cinq de mes plus proches parens périrent sur
l'échafaud (*), victimes de l'absurde dénonciation
faite contre les détenus du Luxembourg ; mon père
en mourut de chagrin, après avoir subi lui – même
une détention de quinze mois ; plusieurs autres de
mes parens maternels furent *mitraillés* à Lyon....

Condamné à survivre à tant de pertes , je voulus
chercher quelques consolations dans la littérature :
je conçus le plan d'un ouvrage très-important , dont
l'exécution demandait que je visitasse les principaux
ports de l'Europe, et que je prisse des renseignemens
dans les sociétés savantes des diverses nations.

Je n'étais pas en état de voyager à mes frais : je
desirais obtenir du Gouvernement d'être employé ,
pendant quelques mois, à la suite de chaque ambas-
sadeur. Mais rien ne m'avait encore assez fait connaître pour que je pusse espérer qu'on accueillît ma
demande : plusieurs membres du Corps législatif me
conseillèrent de publier une gazette , afin d'acquérir
quelque réputation avant de me présenter au ministre des relations extérieures.

La journée du 18 fructidor , an 5 , arriva : je fus
du nombre des journalistes arrêtés par ordre du
Directoire.

(*) Ma mère ; ma sœur aînée qui s'était constituée pri-
sonnière par le zèle de sa piété filiale; M. *Basset de la
Marrelle*, frère de ma mère, ci-devant président au grand
Conseil; sa femme et leur fils unique, âgé de 18 ans.

Expatrié après une année de détention, j'arrivai à la Guadeloupe dans le mois de frimaire an 7.

Je me fixai dans cette Colonie, pour y attendre que des tems plus heureux me permissent de retourner en Europe.

Je n'étais pas fait pour y grossir le nombre de ces hommes, malheureusement trop communs dans tous les pays, qui, incapables de se livrer à aucun travail, à aucune profession, ne savent vivre que du jeu et des plus viles intrigues ; qui ne trouvent leur bien être que dans le désordre ; qui, enfin, *profitent seuls des insurrections*, et par conséquent doivent être seuls à conspirer contre l'autorité établie pour protéger les propriétaires, les commerçans, les fonctionnaires publics, les honnêtes artisans, tous nécessairement amis et soutiens de cette autorité : je cherchai de l'emploi, et j'en trouvai auprès du cit. *Sérâne*, curateur général des biens vacans, qui me confia le principal arrondissement de son administration, celui de la *Grande - Terre* (*).

Je fus introduit dans les meilleures maisons de la *Pointe-à-Pître*, chef-lieu de cet arrondissement ; et bientôt j'épousai une des filles du citoyen *Michel Saint-Martin*, négociant des plus distingués.

J'occupais depuis un an ma place dans l'administration des biens vacans, lorsque les premiers Agens des Consuls arrivèrent à la Guadeloupe. Leur soin le plus empressé fût d'établir des tribunaux civils et criminels, dont la Colonie était privée depuis sept ou huit ans : ce qui avait causé un encombrement dans les prisons, ce qui tenait en suspens tous les procès des familles, et faisait souffrir principalement la

---

(*) Voyez les pièces justificatives à la suite de ce mémoire, n°. 1.

veuve, l'orphelin, l'innocence accusée, pendant que
le crime demeurait impuni. Je fus nommé juge sup-
pléant du tribunal civil de la Pointe-à-Pître (*):
cette nomination me flatta d'autant plus, que, n'étant
pas connu des Agens, je leur avais été désigné par
l'opinion publique qu'ils consultèrent pour se déter-
miner dans leurs choix.

Mais je venais d'apprendre les événemens arrivés
en France le 18 brumaire et jours suivans : les détails
que je voyais dans les papiers publics, et ceux que
me donnaient mes amis, m'avaient transporté de
joie. Ma patrie n'était plus plongée dans l'avilisse-
ment ! Le génie d'un seul homme la rendait à ses
hautes destinées, et lui promettait le bonheur !
« Revenez, m'écrivait-on : la vertu n'est plus ban-
» nie, persécutée ; les infortunés qui n'ont pas péri
» à Cayenne sont rappelés ; les talens sont recher-
» chés, employés, honorés. Que ferez-vous dans
» une île lointaine, lorsque vous pouvez vous rendre
» utile à votre pays, et contribuer peut-être à sa
» gloire littéraire en reprenant vos anciens projets? »
Je ne pensai plus qu'à m'embarquer, et je priai les
Agens de me remplacer au tribunal.

Je ne pouvais quitter la Colonie sans emmener
mon épouse, et je n'avais pas prévu la difficulté que
j'allais éprouver de la part de ses parens : cette difficulté vint de leur tendre attachement pour elle, et de
celui qu'elle avait également pour eux. Quand je pro-
posai le voyage, je fis d'abord couler des larmes, ensuite on combattit ma résolution. Je voulus persister,
mais mon beau-père me dit : « Je suis infirme et souf-
» frant ; je ne sors pas de chez moi ; le seul plaisir
» qui me dédommage des maux de ma triste exis-

____

(*) Voyez pièces justificatives, n°. 2.

» tence, c'est celui d'être entouré de mes enfans, ...
» et vous voulez m'arracher ma fille ! .... Attendez
» donc que je ne sois plus ! » Ma femme se jeta dans
les bras de cet homme respectable : je cédai à l'émo-
tion, et je promis de ne point partir.

J'avais refusé la place de juge : il ne convenait
guère de la redemander. J'attendis que les tribunaux
fussent organisés, et je me présentai pour être reçu
Avoué. J'obtins ma commission le 21 ventose an 8.

Mon début ne fut pas sans quelques succès : une
grande assiduité au travail les augmenta, et bientôt
mon étude fut fréquentée au point que je ne pouvais
plus suffire à mes occcupations. Je ne trouvais pas un
instant du jour pour me montrer dans la société, et
souvent j'étais forcé de prendre sur mes nuits pour ne
pas être gagné par l'ouvrage. Il me serait aisé de
prouver que, pendant dix-neuf mois d'exercice, j'ai
fait juger, aux différens tribunaux, plus de trois
cens procès, dont plusieurs d'une grande importance;
je prouverais aussi que ces travaux m'ont valu au
moins 60,000 fr. d'honoraires, et je tirerais de-là
deux conséquences remarquables : 1°. que je n'avais
pas le tems de m'occuper de la manière plus ou moins
convenable dont on gouvernait la Colonie; 2°. que je
me voyais une brillante fortune en perspective, sans
parler de celle de mon épouse : qu'ainsi je ne pouvais
trouver aucun avantage dans le désordre inséparable
d'une *insurrection*, et qu'au contraire j'avais tout à
perdre.

Telle était ma position à la Guadeloupe, lorsque
le capitaine-général Lacrosse y arriva, le 9 prairial
an 9.

On voit, d'après ces détails préliminaires, que je
suis absolument étranger à ce qui s'est passé dans la
colonie avant l'an 7, époque où je vins m'y établir.

(8)

On voit que je ne pouvais tenir à aucun des partis qui la divisèrent en 1793; que par conséquent, je n'avais aucun sujet de haine personnelle contre le citoyen Lacrosse. Quant aux parens de mon épouse, ils peuvent tous s'honorer de n'avoir jamais été du nombre de ses *frères et amis*; mais lorsqu'ils le virent reparaître au nom d'un gouvernement bienfaisant et juste, ils respectèrent en lui ce gouvernement, dont ils devaient espérer qu'il serait le représentant fidèle. Nous lui rendîmes nos devoirs, nous reçûmes ses visites, nous lui prouvâmes notre dévouement en plusieurs circonstances. Il n'est pas indifférent de dire que lors de l'emprunt dont il est parlé dans la seconde partie du mémoire général, nous lui prêtames une somme de 16 ou 18,000 fr., qui ne nous a pas encore été remboursée. Lui aurions-nous fait cette ayance, si nous avions été dans le secret de la prétendue conspiration à laquelle il m'accuse d'avoir participé.

Le 29 vendémiaire an 10, vers onze heures du matin, j'étais occupé dans mon cabinet, lorsque j'entendis mon épouse, sa mère et ses sœurs ordonner aux domestiques, d'une voix très-altérée, de fermer les portes de la maison. Je courus à elles, et leur demandai ce qui causait leur frayeur : elles me répondirent qu'il se passait quelque chose d'extraordinaire en ville; que les soldats parcouraient les rues en criant *aux armes*, *au feu*, etc. J'approchai d'une fenêtre : je vis effectivement la plus grande agitation. Quelques minutes auparavant, il y avait beaucoup de monde devant le magasin de mon beau-père, parce qu'il faisait vendre à l'encan une cargaison de chevaux qui lui étaient arrivés des Etats-Unis: tout ce monde s'était dispersé au premier cri d'alarme ; chacun se sauvait chez soi ; les équipages des navires qui étaient amarrés sur le quai, coupaient leurs cables pour gagner le large : tout annonçait la plus terrible catastrophe.

J'entendis battre la générale. J'étais dans les dragons bourgeois, ainsi qu'un autre gendre du citoyen St. Martin, alors curateur général des biens vacans : nous nous hâtâmes de faire seller nos chevaux, et nous nous rendîmes en armes chez le capitaine *Bourbon*, commandant de la place. Là, nous reçûmes l'ordre d'aller chez le citoyen *Souliers*, chef de l'état-major-général : nous nous y transportâmes aussitôt.

Quelques autres dragons arrivèrent après nous : ils furent suivis d'un petit nombre d'hommes de la garde nationale. Nous nous rangeâmes en bataille.

Le citoyen *Souliers* était devant sa porte, avec plusieurs officiers : il paraissait tout hors de lui ; il ne savait que répondre à ceux de nous qui s'informaient des causes de ce mouvement, et qui lui demandaient des ordres.

Bientôt nous voyons un détachement de troupe de ligne qui descend du fort de *la Victoire*, et qui s'avance a nous. Un factionnaire crie : *qui vive?* Cette troupe s'arrête un moment, se met en bataille, et reprend sa marche, en paraissant vouloir nous charger. Notre position est des plus critiques : un seul coup porté de part ou d'autre, peut amener un carnage affreux, la perte de la ville, et, par suite, celle de la colonie.

Le chef de brigade Pélage paraît heureusement pour nous tirer de ce danger : à sa voix, les insurgés s'arrêtent de nouveau ; il leur fait les plus fortes remontrances, et parvient à calmer la fureur qui les anime ; mais bientôt, le citoyen Souliers s'étant montré, ils se jettent sur lui et se saisissent de sa personne. Pélage fait tous ses efforts pour l'arracher de leurs mains : ne pouvant y réussir, il lui conseille de se laisser conduire au fort. Il ordonne ensuite à la garde nationale et aux dragons de se retirer : nous obéissons à cet officier, *premier chef militaire*, et supérieur en grade au citoyen Souliers. Je rentre chez mon beau-père, très-inquiet des suites que peut avoir cette insurrection de la force armée.

Toute la famille avait tremblé pour mes jours, pour ceux de mon beau-frère, dont j'ai parlé plus haut, et d'un autre jeune beau-frère qui avait été obligé aussi de se rendre à son poste, comme conscrit. Notre retour rétablit un peu le calme : on en profita pour faire des malles, et pour se préparer à embarquer les femmes sur quelque navire de la rade, si le désordre venait à augmenter.

A quatre heures de l'après-midi, on nous apporta un billet de convocation à la municipalité. Mon beau-père, malgré ses infirmités, voulut se rendre à cette assemblée, pour savoir, par lui-même, de quel danger on était menacé, et dans l'espérance d'ouvrir peut-être quelqu'avis utile. Je l'accompagnai, ainsi que son autre gendre. Nous trouvâmes réunis tous les négocians, propriétaires et autres habitans notables. Le commandant Pélage arriva : il expliqua le mouvement auquel s'était porté la garnison ; il dit que le chef d'état-major Souliers avait voulu arrêter plusieurs officiers, et lui-même son supérieur en grade ; que les soldats indignés avaient au contraire arrêté ce chef d'état-major, ainsi que le commissaire général de police, le commissaire du Gouvernement près la municipalité, et plusieurs autres personnes, qui toutes étaient détenues au fort de la Victoire ; que la troupe qui, avant ce mouvement, était logée dans les casernes au centre de la ville, avait monté au fort et ne voulait plus le quitter ; qu'on ne pouvait prévoir quel serait le résultat de cette affaire, si l'on n'instruisait promptement le capitaine-général, en lui envoyant des couriers à la Basse-Terre, et si on ne le pressait de venir rétablir l'ordre, etc., etc.

A la suite de ce discours, et sur la demande du commandant Pélage, l'assemblée nomma au scrutin quatre commissaires chargés de s'entendre avec ce commandant pour correspondre avec le capitaine-général et pour préserver la ville des suites de l'insurrection.

Je fus l'un de ces commissaires : je dus sans doute l'honneur, ou plutôt le malheur de fixer les suffrages, à la grande considération dont jouissait mon beau-père. On eût bien plutôt jeté les yeux sur lui ; mais le fâcheux état de sa santé ne lui permettait pas de s'occuper des affaires publiques (il mourut peu de tems après.) : on pensa en me nommant, que je saurais profiter de ses sages conseils.

Les trois autres commissaires furent les citoyens *Delort*, *Pénicaut* et *Danois*. Le premier est un médecin distingué, établi, depuis plus de vingt ans, à la Pointe-à-Pitre où il tient par alliance aux premières familles ; le second est un ancien avocat, aujourd'hui notaire public, et propriétaire dans la même ville ; le troisième était alors négociant et membre de l'agence municipale.

De tels hommes ne pouvaient avoir que des vues louables, en acceptant les fonctions momentanées auxquelles les appelaient leurs concitoyens. Si leurs efforts et les miens n'eurent pas tout le succès que nous désirions, on ne doit s'en prendre qu'au citoyen Lacrosse, dont la conduite inconsidérée rendit toujours vaines les mesures qui furent prises pour maintenir son autorité.

En effet son départ de la Basse - Terre pour la Pointe-à-Pître , avec une armée , fut une première faute très-grave : il ne devait pas donner le signal de la guerre civile n'ayant pas des forces suffisantes pour la soutenir. D'un autre côté, l'étonnante contradiction des différens actes qu'il produisit pendant sa mache , aggrava beaucoup le mal , en irritant les insurgés , et en leur faisant craindre quelque piége de sa part. Enfin , lorsque effrayé de la désertion de ses soldats qui vinrent grossir le nombre de ces insurgés , il prit le parti de se rendre seul à la Pointe - à - Pitre , le ton de ses harangues mit le comble à son inconséquence , et lui attira les dangers qu'il courut dans la salle de la municipalité.

Je les partageai ses dangers : je fus du nombre des personnes qui le couvrirent de leur corps , lorsque les grenadiers, conduits par *Codou*, osèrent attenter à sa vie. La résistance que nous opposâmes à ces soldats, et surtout la vue du sang de Pélage , suspendit leur rage : nous profitâmes de ce moment pour faire monter le capitaine - général dans une salle haute où nous parvînmes à empêcher les assassins de pénétrer. Je contribuai donc à lui sauver la vie.

Je ne le quittai pas d'un moment tant qu'il demeura dans la maison commune ; lorsqu'il se rendit au fort de la Victoire, pour y inspecter les troupes, je le suivis avec les autres commissaires provisoires et la plupart des fonctionnaires publics. Là, j'eus la douleur d'être témoin de son arrestation sans pouvoir fléchir l'audacieux *Ignace* qui avait préparé cette nouvelle scène.

Après cet événement , je me retirai chez moi, et je gémis , dans le sein de ma famille , de tous les maux qu'il était facile de prévoir.

Bientôt le commandant Pélage vint me trouver : il me témoigna toute l'indignation que lui inspirait le crime d'Ignace. « Son entreprise, ajouta-t-il ,
» s'est exécutée avec la vivacité la plus surprenante ,
» et je n'ai pu ni la prévoir, ni m'y opposer. D'ail-
» leurs le capitaine-général était immolé , si j'avais
» voulu empêcher son emprisonnement : il l'a si
» bien senti lui-même, *qu'il n'a pas mis l'épée à*
» *la main.* »

Mes parens se joignirent à moi pour recommander à Pélage d'employer toute l'autorité qu'il pouvait conserver dans des circonstances si critiques, afin de garantir les jours du citoyen Lacrosse et de lui faire rendre la liberté, s'il était possible.

Nous lui demandâmes ensuite quel allait être le sort des habitans de la colonie. « Je ne vous dissi-
» mulerai pas , répondit-il, que nous sommes à la
» veille du plus affreux bouleversement, si nous ne
» trouvons le moyen de maîtriser les factieux. Je
» ferai tout ce qui dépend de moi pour y parvenir ;
» mais je ne peux rien sans le secours de tous les
» honnêtes gens : ils doivent donc continuer à me
» seconder. J'exige surtout que les commissaires
» provisoires ne m'abandonnent pas; ils peuvent
» compter sur mes bonnes intentions : je tiens à
» la métropole, par les bienfaits que j'ai reçus de
» son gouvernement; je tiens à la colonie, par l'es-
» time que ses habitans m'ont toujours témoignée ; je
» tiens à l'honneur, par toutes les actions de ma vie. »

Il me pressa ensuite de me rendre, avec lui, à la municipalité où il voulait de nouveau convoquer les notables de la ville , pour délibérer sur les mesures à prendre. Je l'accompagnai.

Toutes les voix se réunirent pour remettre le salut public entre les mains du chef de brigade

Pélage, et pour engager les commissaires provisoires à ne pas cesser leurs fonctions , tant qu'on serait menacé de l'arnarchie. Nous dûmes nous soumettre à la volonté générale.

Il n'y avait pas de tems à perdre pour prévenir la désorganisation qui ne pouvait manquer de suivre les tristes événemens de cette journée. Nous nous empressâmes de publier une proclamation qui rassurait les colons sur l'avenir, qui enjoignait aux fonctionnaires publics , tant civils que militaires , de rester à leur poste et de maintenir le bon ordre par tous les moyens en leur pouvoir. Cet acte fixa sur nous l'attention de toute la Colonie : on nous regarda comme la planche à laquelle chacun devait s'attacher pour échapper au naufrage. Nous établîmes la correspondance la plus active avec les commissaires du gouvernement et les agences municipales : les affaires reprirent leur cours un instant suspendu.

Nous tînmes ainsi, pendant quelques jours , les rênes flottantes de l'administration. Le commandant Pélage , de son côté , demeura constamment au fort de la Victoire, où sa présence était nécessaire pour contenir Ignace et ses amis, qui à chaque instant se portaient à des menaces terribles contre le général Lacrosse, contre le chef d'état-major Souliers et les autres détenus.

Le 15 brumaire, le général Lacrosse partit de la colonie sur un bâtiment danois que lui procura l'ordonateur *Roustagnenq.* Au point où en étaient les choses, il valait sans doute mieux pour lui qu'il prît le parti de la retraite , plutôt que de rester dans une prison où , chaque jour , sa vie courait de nouveaux dangers. L'ordonnateur était sans doute convaincu de cette vérité lorsqu'il se décida à traiter avec le capitaine danois pour le passage du général et de ses quatre aides-de-camp, à lui payer le prix convenu, à lui fournir toutes les provisions nécessaires.

Après le départ du citoyen Lacrosse, la Guadeloupe ne pouvait plus rester sans une administration organisée d'après le vœu de tous les habitans des divers cantons, en attendant que le gouvernement de la métropole eût fait connaître ses intentions : on voit dans le mémoire général comment cette administration fut établie.

Je crus alors qu'une porte m'était ouverte pour me soustraire à des fonctions dont il est facile de sentir que le fardeau me pesait, malgré l'encouragement que je n'avais cessé de trouver dans les éloges de mes concitoyens, dans les témoignages de leur reconnaissance. Je montai au fort ; je m'enfermai avec le commandant Pélage ; je lui représentai que mes affaires étaient abandonnées depuis trois semaines, que mes cliens souffraient de cette suspension, que le moment des grands dangers était heureusement passé, que je ne lui étais plus si nécessaire, qu'il pouvait me remplacer par quelqu'habitant aussi bien intentionné et moins occupé que moi.

Ce brave militaire est trop franc et trop loyal pour ne pas déclarer, en toutes occasions, que je lui tins ce langage. Mais ce fut en vain que je voulus m'éloigner de lui : il me répondit qu'ayant décidé de faire entrer dans le *Conseil provisoire* deux des commissaires civils qu'il avait si bien appris à estimer, il devait nécessairement retenir ceux qui, à l'assemblée du 29 vendémiaire, avaient eu le plus grand nombre de suffrages ; que s'il voulait suivre une autre marche, chacun de ces commissaires aurait des raisons également puissantes à donner pour obtenir sa retraite. J'insistai le plus fortement possible : il me jura que si je persistais dans ma résolution, je le forcerais au désespoir ; qu'il s'embarquerait, qu'il fuirait la colonie et la laisserait abandonnée aux projets funestes que la seule union des honnêtes colons avec lui, était capable de déjouer. Il me fit ensuite parler par plusieurs personnes respectables, qui me dirent : « Achevez de sauver le » pays où vous jeta l'infortune, où vous avez trouvé » le bonheur. . . . » Je me vis donc encore obligé de céder.

Le Conseil provisoire gouverna la Guadeloupe pendant six mois ; et certes, je n'ai pas à rougir de la part que je pris dans l'exercice du pouvoir.

Je n'entreprendrai point le détail des services que j'eus occasion de rendre à la Colonie : je n'y attache aucune gloire, puisque mes efforts n'avaient pas moins pour objet le salut de ma famille et le mien propre, que celui de la masse des habitans. Au reste, s'il est nécessaire de faire valoir ces services pour prouver l'injustice de mon accusateur, je peux me dispenser d'en parler moi-même : les certificats dont je suis porteur, offrent des témoignages d'autant plus honorables, d'autant plus dignes de foi, qu'ils m'ont été donnés après l'arrivée du général *Riche-pance* (*).

Je passe à la journée du 16 floréal, époque où ce général parut avec son armée, à la vue du port de la Pointe-à-Pitre : ce fut alors surtout que le commandant Pélage et les membres du conseil provisoire signalèrent leur attachement envers la métro-

____

(*) Voyez les pièces justificatives ; depuis n°. 10 jusqu'à 19.

pole, et justifièrent l'attente des honnêtes gens, par toutes les précautions qui furent prises pour favoriser le débarquement de cette armée.

Je figurai particulièrement comme député auprès du général en chef; je fus retenu en ôtage à bord de la frégate la *Pensée*; je fus témoin du zèle criminel que mirent les émissaires du citoyen Lacrosse à exciter les soldats contre les habitans de la Colonie; j'employai tous mes moyens, ainsi que les autres députés, pour persuader au général qu'il n'éprouverait aucune résistance : nous parvînmes à dissiper en partie l'extrême défiance qu'il nous avait d'abord témoignée; il mit sur-le-champ ses troupes à terre.

Lorsqu'il eut pris possession de la ville et des forts, les arrêts que je gardais à bord de la frégate, furent levés par son ordre.

De retour chez moi, j'y trouvai une lettre que m'écrivait, de la Basse-Terre, le commissaire du gouvernement près la municipalité de cette ville, pour m'engager à m'y transporter, afin de contenir par ma présence les factieux qui pouvaient causer du désordre au moment où les troupes européennes s'y présenteraient. Le surlendemain, 18 floréal, je reçus une autre lettre d'un fonctionnaire public de la même ville, qui me pressait aussi de m'y rendre (*).

Ces invitations prouvent la confiance que je m'étais acquise parmi les habitans de la Basse-Terre : j'eusse desiré faire pour eux un nouvel acte de dévouement dans une circonstance si importante; mais je n'avais plus qualité pour me transporter dans leur ville. D'ailleurs je fus arrêté le 20 au matin, par les créatures du cit. Lacrosse, et je demeurai détenu

____

(*) Voyez les pièces justificatives, numéros 4 et 5.

B

(18)

sur la frégate la *Consolante* pendant 17 jours : je ne
pus faire que de stériles vœux pour cette portion
intéressante de la colonie, qui bientôt fut livrée
aux flammes, au pillage et au massacre. Que dis-je ?
Bientôt mes propres foyers furent menacés : la
Pointe-à-Pitre fut prête à succomber sous l'effort
des rebelles qui accoururent à l'improviste de la
Basse-Terre, après avoir évacué le fort *Saint-
Charles ;* je vis l'incendie l'environner de toutes
parts, les vieillards, les femmes éplorées s'embarquer à la hâte avec leurs enfans et leurs effets
les plus précieux ; je vis mes concitoyens, mes
amis, mes parens marcher au combat avec courage,
Pélage se signaler *par une intrépidité tenant de
l'héroïsme* (rapport officiel du général Richepance)..... et je ne pus partager leurs derniers
dangers, moi qui les avais préservés de tant d'autres !

Je reçus pendant ma détention des marques flat-
teuses d'intérêt de la part des généraux *Sériziat* et
Gobert : ce dernier voulut bien se charger de trans-
mettre au général en chef une lettre dans laquelle je
me plaignais de la mesure injuste dont j'étais victime. Je ne tardai pas à obtenir une entrevue des plus
satisfaisantes et une autorisation pour me retirer
dans mes foyers (*).

Après la défaite complète des rebelles, le général
en chef pouvant se passer des services du commandant Pélage, consentit à le laisser passer en France
pour rendre compte de sa conduite au Gouvernement. Je voulus aussi faire ce voyage : il m'impor-
tait trop de détruire les fausses impressions que je
savais avoir été répandues à Paris, par la correspondance du cit. Lacrosse, contre les membres de l'ad-

____

(*) Voyez les pièces justificatives, n°s. 6, 7 et 8.

ministration provisoire. Je demandai un passe-port :
le général Richepance me fit répondre que rien ne
m'obligeait d'aller en Europe, et qu'il m'engageait
à rester dans la colonie. Je réitérai ma demande :
alors je reçus l'invitation de me rendre à la Basse-
Terre, où j'eus une nouvelle entrevue avec le général qui m'accorda passage, pour mon épouse et
pour moi, sur le vaisseau de guerre le *Fougueux* (*).

Ce fut donc, comme on voit, par l'effet de ma
propre volonté que je m'embarquai pour France;
et, loin que le général en chef me regardât comme
un coupable destiné à paraître devant un tribunal
criminel, il me donna, jusqu'à mon départ, mille
témoignages de considération.

Je rapporterai ici textuellement une lettre qu'il
me fit l'honneur de m'écrire de sa propre main,
trois jours avant que le vaisseau mît à la voile. Tous
les passagers de ce vaisseau avaient été consignés à
bord par son ordre; et je réclamais contre la con-
signe, ayant des affaires à terminer en ville : voici
sa réponse.

        « Au quartier général, à la Basse-Terre,
   » le 16 messidor an 10.

   » *Le général en chef, au citoyen* FRASANS.

   » L'ordre de rester à bord n'a été donné, citoyen,
» que parce que je croyais que les bâtimens appa-
» reilleraient d'un moment à l'autre; mais comme
» je suis certain qu'ils n'appareilleront pas demain,
» vous pourrez descendre à terre depuis six heures
» du matin jusqu'à six du soir.

____

(*) Voyez pièces justificatives, nos. 9, 20 et 21.

» Ma lettre vous servira d'autorisation auprès du
» commandant de vaisseau.

» Je vous salue.   » *Signé*, RICHEPANCE. »

Je me suis arrêté à cette circonstance minutieuse
en elle-même, parce qu'elle prouve que j'étais
libre à bord du vaisseau le *Fougueux*.

Quelle ne dût pas être ma surprise en arrivant à
Brest, lorsque je me vis enlevé de ce même vaisseau,
par la gendarmerie, séparé de mon épouse, et em-
prisonné à l'hospice militaire, en vertu d'un ordre
du ministre de la marine !

A ce coup inattendu, je reconnus la main du
cit. Lacrosse. Il était perdu dans l'esprit du PREMIER
CONSUL, si le chef de brigade Pélage et les ex-
membres du conseil provisoire avaient pu se rendre
à Paris ; s'ils avaient pu être admis à exposer *admi-
nistrativement* le tableau fidèle des malheurs de la
Colonie. Il avait pris d'avance ses mesures pour
nous empêcher de parvenir jusqu'au chef suprême
de l'Etat, pour nous ôter tous moyens de justifi-
cations.

Nous fûmes retenus prisonniers à Brest pendant
trois mois : on nous y dépouilla de tout ce qu'on put
nous saisir en argent, bijoux et papiers ; nous fûmes
ensuite traînés de brigade en brigade, comme de
vils criminels, et traduits à la Conciergerie de Paris,
où nous attendons, depuis un an, qu'on nous fasse
connaître par quels délits nous avons pu mériter un
pareil sort.

Voyons quels peuvent être ces délits ; voyons, en
résumant les faits que je viens de présenter, sous
quel point de vue le citoyen Lacrosse me trouve
coupable.

M'accuse – t – il d'avoir pris part à l'insurrection du 29 vendémiaire ?

On a vu que cette insurrection me surprit au sein de ma famille ; qu'au premier cri d'alarme je me rendis au poste qui me fut assigné par le commandant de place ; que je fus sur le point d'en venir aux mains pour défendre le chef d'état - major *Souliers*. Si j'eusse été d'intelligence avec les insurgés , me serais-je offert pour les combattre ?

Me fait – il un crime de m'être rendu aux vœux des habitans de la Pointe - à - Pître , lorsqu'ils me choisirent pour l'un des *commissaires provisoires ?*

Si j'eus tort en cela , les habitans de la Pointe-à-Pître eurent le premier tort , et tous les signataires du procès–verbal (*) devraient être poursuivis.

Les mêmes motifs qui portèrent mes concitoyens à faire ces nominations , me décidèrent à ne pas refuser la tâche dont ils me chargèrent. Il s'agissait de contenir la garnison insurgée , à laquelle venaient déjà se joindre tous les nègres des campagnes environnantes ; il s'agissait de sauver la ville menacée des plus affreux dangers. Une heure suffisait pour l'anéantir , si nous n'eussions pas pris sur nous les mesures qui furent employées. Ces mesures ne portaient aucune atteinte à l'autorité du capitaine-général , puisque les commissaires provisoires s'empressèrent de correspondre avec lui , de lui rendre compte de ce qui s'était passé , de l'engager à venir rétablir l'ordre par sa présence. S'il se fût conduit avec prudence et politique , s'il n'eût pas méprisé les avis que lui donnaient des hommes intéressés plus que lui au maintien de la tranquillité publique , sa

----

(*) Voyez ce procès - verbal au deuxième volume du mémoire général, page 3.

seule présence eût effectivement ramené les troupes à la soumission.

Me reproche - t - il d'avoir continué de diriger les affaires pendant sa détention au fort de la Victoire ?

Que serait devenue la Colonie toute entière, que serait - il devenu lui - même, si personne n'avait osé s'associer au commandant Pélage, pour lutter contre le parti d'*Ignace*, pour étouffer, à sa naissance, le monstre de l'anarchie?

Me reproche-t-il d'avoir donné la main à son embarquement ?

Si j'y avais eu part, je pourrais me vanter d'avoir contribué une seconde fois à lui sauver la vie, puisqu'il n'y avait que ce moyen de le soustraire à la fureur des insurgés. Mais son embarquement est, sous les rapports civils, le fait de l'ordonnateur *Roustagneng*, qui passa marché, comme j'ai dit, avec un capitaine danois, paya le prix convenu, et fournit toutes les provisions nécessaires au voyage. Or, cet ordonnateur a été nommé, depuis, sous-préfet de la colonie, par le Premier Consul : on ne l'a donc point blâmé d'avoir fait ce qu'exigeait la force des circonstances : je ne serais donc point blâmable, si j'avais pris part à l'embarquement du capitaine - général.

Au reste, y eût - il lieu de rechercher les *commissaires provisoires*, pour les événemens qui se passèrent pendant la durée de leurs fonctions ; pourquoi suis - je le seul d'entre - eux qui figure au procès ? Pourquoi les citoyens *Delort* et *Pénidaut* n'ont - ils pas été envoyés en France pour paraître, comme moi, devant un tribunal criminel? Pourquoi le cit. Lacrosse, depuis sa rentrée à la Guadeloupe, ne les a-t-il pas embarqués, *les fers aux pieds et aux mains*, comme plusieurs autres colons qu'il a fait parvenir successivement à la Conciergerie de Paris ?.....

Faut-il dire pourquoi? C'est parce que les cit. *Delort* et *Penicaut* ont le front couvert de cheveux blancs, parce que leur âge avancé, leur aspect vénérable eût suffi pour convaincre de calomnie le cit. Lacrosse. D'où je conclus que, puisqu'il n'a pas osé les accuser, il ne devait pas non plus accuser leur collègue qui ne fit rien sans leur participation, qui ne signa aucun acte sans voir leur signature à côté de la sienne, et qui s'honore d'avoir été soutenu par leur exemple dans la carrière difficile qu'il eut à parcourir.

Est - ce donc comme *membre du Conseil*, qu'il prétend me faire condamner?

Quelques factieux, ennemis de tout ordre social, a-t-il dit dans un manifeste, *sont parvenus à usurper, à la Guadeloupe, tous les pouvoirs civils et militaires*. Voilà sous quelles couleurs il n'a cessé de dépeindre au Gouvernement, dans sa correspondance, les hommes qui, après son départ de la colonie, furent rendus dépositaires de l'autorité dont ils ne firent usage que pour réprimer les efforts des *factieux !*

Le mémoire général offre un tableau frappant de la situation où le citoyen Lacrosse nous laissa en quittant la Guadeloupe : ce tableau fait sentir la nécessité où se trouvèrent tous les habitans de se réunir en assemblées de cantons ; les procès-verbaux de leurs assemblées prouvent qu'ils concoururent tous à l'établissement du Conseil administratif provisoire (*). Et qui placèrent-ils à la tête de cette administration ? Le chef de brigade *Pélage*, c'est-à-

---

(*) Voyez les actes d'adhésion, au deuxième volume du mémoire général, depuis la page 64 jusqu'à celle 84.

dire un officier breveté par le Gouvernement français ; l'officier le plus élevé en grade qui se trouvât
alors dans la colonie ; celui qui, sous le capitaine général Lacrosse, commandait déjà le principal arrondissement, et qui, depuis le départ du capitaine-général, se trouvait de plein droit *commandant en chef.*

Le citoyen Lacrosse était donc dans l'aveuglement
de la passion, lorsqu'il écrivait que les membres du
Conseil avaient *usurpé les pouvoirs* ; et puisque ces
pouvoirs leur ont été conférés par toute la colonie,
ils ont le droit de dire à leurs juges : « Si nous
» sommes coupables de les avoir acceptés, la co-
» lonie entière est bien plus coupable de nous les
» avoir offerts. Vous ne pouvez poursuivre le procès
» des *mandataires* avant d'avoir fait celui des
» *commettans.* »

Pourrait - on aussi se dispenser de mettre en
jugement tous les respectables colons qui exer-
cèrent, sous le Conseil, diverses fonctions publiques, et qui l'aidèrent si puissamment à maintenir le bon ordre ? Le citoyen Lacrosse, dans
son manifeste, les menaçait du plus terrible châti-
ment : le PREMIER CONSUL vient de nommer plusieurs
d'entr'eux à des emplois distingués.

Le crime des membres du Conseil est-il de n'avoir
pas rétabli à la Guadeloupe le capitaine-général Lacrosse, lorsqu'ils furent informés de sa retraite chez
les Anglais de la Dominique ?

Comment aurait-il pu se plaindre de n'avoir point
été rappelé, lui qui, pendant huit mois, n'osa pas
reparaître ? S'il sentit qu'il y avait du danger pour
sa personne, et que l'armée n'eût pas souffert son
retour, le Conseil ne devait-il pas le sentir comme lui ?

Ce fut là l'unique raison qui détermina le Conseil
et tous les habitans de la Guadeloupe à ne pas le
rappeler.

Mais que fîmes-nous, pour prouver que nous étions bien éloignés de vouloir nous détacher de la Métropole, et que nous désirions nous soumettre à une autorité légale ? Nous nous empressâmes d'inviter les citoyens *Lescallier* et *Coster* à venir prendre les rênes de l'administration, dès que nous les sûmes aussi débarqués à la Dominique ; nous les suppliâmes de se séparer du citoyen Lacrosse, puisque l'intérêt de la colonie et le sien propre l'exigeaient ; nous leur envoyâmes les adresses les plus touchantes ; nous leur représentâmes les suites funestes que leur refus pourrait entraîner ; nous leur dîmes *qu'ils en deviendraient responsables envers le* PREMIER CONSUL.

Toutes nos démarches auprès de ces deux magistrats, ayant été sans succès ; nous envoyâmes une députation à Saint-Domingue, auprès du général en chef *Leclerc*, pour lui offrir de remettre la Guadeloupe à l'un de ses lieutenans.

Le général de brigade *Seriziat* étant arrivé de France, et ayant pris possession de Marie-Galante, nous lui offrîmes également de déposer nos pouvoirs entre ses mains. Il se fût rendu à nos instances, *si le cit. Lacrosse eût voulu lui en donner l'ordre* (*) : mais comme il ne convenait pas aux projets de celui-ci que la colonie échappât aux maux dont nous cherchions à la préserver, *l'ordre* ne fut point donné. Le général Seriziat, retenu à Marie-Galante par les lois de la subordination, correspondit du moins avec nous ; il nous témoigna son regret ; il nous encouragea à rester au poste où nous avait placés la colonie, jusqu'à ce que le Gouvernement de la Métropole eût envoyé ses ordres. Ce général m'écrivit particulière-

---

(*) Voyez le mémoire général, tom. premier, p. 262.

ment une lettre qui , seule, devrait suffire pour ma justification (*).

Est-ce dans les actes du Conseil , dans toutes ses mesures administratives , dans la distribution de la justice , dans le maniement des finances , qu'on trouvera matière à condamnation contre moi ?

Sous ce rapport, je ne crains pas l'examen le plus rigoureux : si quelqu'un doit trembler qu'on recherche les malversations , les concussions , les déportations arbitraires , les assassinats juridiques , les tortures et les supplices dignes du siècle de Néron; ... ce ne peut être que mon accusateur.

Enfin , est-ce ma conduite à l'arrivée du général *Richepance* , qui a pu paraître répréhensible ? Me ferait-on l'injure de me regarder , sur la foi du citoyen Lacrosse et contre toute espèce de vraisemblance, comme l'un des provocateurs à la révolte qui éclata contre ce général après son débarquement ?

Les causes de cette révolte sont si parfaitement expliquées dans le mémoire général , que je crois superflu d'en parler ici : mais , le citoyen Lacrosse n'en fut-il pas déjà proclamé le seul auteur, ne fut-il pas reconnu seul responsable de tout le sang qui a coulé , et de toutes les pertes que les malheureux habitans de la colonie ont essuyées? Comment pourrait-on supposer que j'eusse travaillé à souffler le feu d'une guerre civile qui mit dans un si grand danger ma famille et ses propriétés ? Et l'homme qui offrit sa tête au général Richepance , pour gage de la paix, peut-il être accusé d'avoir voulu cette guerre (**) ?

Tel est l'exposé rapide des principaux moyens qui

(*) Voyez les pièces justificatives à la suite du présent mémoire , n°. 3.

(**) Voy. le mémoire général, tom. premier , pages 267 et 26 .

doivent servir à ma défense : les débats devant le tribunal donneront lieu au développement nécessaire ; et j'ose assurer d'avance , que je répondrai victorieusement à toutes les charges qui peuvent avoir été fournies contre moi par le citoyen Lacrosse.

Il sera démontré au jugement , que la plus détestable intrigue a été mise en œuvre pour perdre des hommes d'honneur , dont tout le crime fut de réparer le mal fait à leur pays par un chef qui abusa cruellement de ses pouvoirs , et qui foula aux pieds les lois , les instructions du Gouvernement , pour ne suivre d'autre règle que ses passions désordonnées.

La France entière demeurera convaincue que la *grande conspiration* de la Guadeloupe contre le capitaine-général Lacrosse, n'est qu'une fable inventée pour donner le change sur la véritable histoire de l'insurrection du 29 vendémiaire an 10.

On ne doutera plus que cette insurrection n'ait été le résultat d'une mauvaise administration.

Un administrateur distingué, en parlant de ces sortes de mouvemens dans les colonies , s'exprime ainsi : « L'histoire ne nous fournit aucun exemple » d'une révolution opérée dans une société bien or- » donnée : les factieux ne paraissent et ne de- » viennent puissans que lors du discrédit, de la » faiblesse, *ou des excès* d'un Gouvernement (*) ».

En effet, a-t-on jamais vu des insurrections dans les colonies où les Gouverneurs ont su se conduire sagement ?

En a-t-on vu dans nos Colonies orientales, sous M. *de la Bourdonnaye*, sous M. *de Souillac* ? En a-t-on vu à la Martinique, sous M. *d'Ennery* ; à la

____

(*) M. *Malouet*, Mémoires sur les Colonies , tome IV, Introduction.

Guadeloupe, sous M. *de Clugny*; à Saint-Domingue, sous M. *de Larnage*, et sous le même M. d'*Ennery*; au Sénégal, sous M. *de Boufflers* et le commandant *Blanchot* (*) ?

La mémoire de ces bons gouverneurs est en vénération dans les contrées où ils fixèrent, pendant de nombreuses années, la félicité publique; ils ont été payés de leurs soins paternels par de justes tributs d'éloges et de reconnaissance.

Saint-Domingue donna un exemple touchant de cette reconnaissance, lorsqu'elle perdit M. *d'Ennery*, qui y mourut dans l'exercice de ses fonctions. Les trois chefs-lieux de la colonie se disputèrent la triste consolation de posséder sa dépouille mortelle. Aucun d'eux ne voulant y renoncer, on prit le parti d'élever trois monumens : l'un, renferma le corps; l'autre, le cœur; le troisième, les entrailles.

Voilà les modèles que les délégués de la Métropole dans les colonies devraient toujours se proposer d'imiter : voilà les noms auxquels le général *Ernouf*, qui a remplacé à la Guadeloupe le contre-amiral Lacrosse, paraît jaloux d'associer son nom (**) !

(*) Le citoyen *Blanchot* commandait au Sénégal depuis le commencement de la révolution : il l'avait défendu avec succès contre plusieurs attaques des Anglais, et y avait maintenu la paix intérieure. Il fut remplacé en l'an 9. Son successeur provoqua bientôt une insurrection. Le Premier Consul n'envoya point de troupes pour rétablir l'ordre : il jugea qu'*un bon gouverneur* suffisait, et il fit choix du même citoyen Blanchot, qui remplit parfaitement ses vues.

(**) Plusieurs habitans de la Guadeloupe, récemment arrivés à Paris, s'accordent à faire le plus grand éloge de l'administration du général *Ernouf*.

Lorsque ce général partit pour se rendre à son poste, dans le mois de ventose an onze, je m'empressai de

Mais cette heureuse réputation que donne la vertu, et qu'accompagne l'amour des peuples, n'est pas ce qui flatta jamais le cœur du citoyen Lacrosse.

Il s'est rendu bien autrement fameux dans les Antilles !

Doit-on s'étonner que ses excès en tout genre, aient bouleversé la Guadeloupe ?

Ce qui étonne, c'est que le brave militaire et les honnêtes habitans qui ont sauvé cette colonie, soient traités, depuis quinze mois, comme le crime seul mérite de l'être.

Je ne me plains toutefois ni de la justice du Gouvernement, ni de celle du tribunal : tant d'intrigues ont été employées pour étouffer la vérité, qu'elle ne pouvait triompher qu'avec le tems.

Le jour approche, sans doute, où le plus honorable jugement va me dédommager des persécutions que j'ai endurées. Mais que ce jugement me coûtera des larmes amères, puisque je serai forcé de comparaître dans les mêmes lieux où mes infortunés parens

---

saisir l'occasion d'être utile encore à la Guadeloupe, et par conséquent à la Métropole : je lui adressai quelques renseignemens sur la situation où il trouverait cette colonie, et sur les moyens d'y opérer le bien. Il eut la bonté d'accueillir mes notes, et de me faire dire qu'elles s'accordaient avec ses principes et ses vues.

La situation où m'a réduit la calomnie, me détermine à publier ces notes, comme *pièce justificative* : on jugera si l'homme qui prouve, jusques dans les fers, l'intérêt qu'il porte à son pays, a pu *conspirer* pour en troubler la tranquillité

Voyez les Pièces justificatives à la suite du présent Mémoire, no. 22.

reçurent leur arrêt de mort !.... C'était là le coup le plus cruel que le citoyen Lacrosse pût me porter.

Signé : HYPOLITE FRASANS.

Le cit. PÉRIGNON , Jurisconsulte, Défenseur.

P. S. Au moment où l'impression de ce Précis se termine , aujourd'hui 4 frimaire an 12 , le citoyen Hypolite Frasans vient d'être mis en liberté , sans jugement , ainsi que les estimables compagnons de sa captivité.

PIÈCES JUSTIFICATIVES (*).

Port de la Liberté (Pointe-à-Pitre], le 15
prairial an 7 de la république.

(N°. I.)

Le curateur général aux biens vacans pour le département de la Guadeloupe, etc.

Nomme son agent pour le Port de la Liberté, la Grande Terre et communes adjacentes, le citoyen *Hypolite Frasans*, auquel il donne pouvoir de le représenter, en son absence, pour tout ce qui concerne les successions vacantes de son ressort.

En conséquence de la présente nomination, le citoyen Frasans se présentera à la municipalité du Port de la Liberté, pour y prêter le serment en tel cas requis, et se conformera, pour le surplus, aux instructions ultérieures qui lui seront données.

Signé SERANE.

Enregistré au registre des enregistremens de l'administration municipale du Port de la Liberté, etc., le 23 messidor an 7, après le serment requis.

Signé SAVERY, greffier adjoint.

[N. 2]

Port de la Liberté, île Guadeloupe, le 30
nivose an 8 de la république.

Les Agens des Consuls de la République française aux Isles du Vent,

Au citoyen Hypolite Frasans, *l'un des Juges suppléans du tribunal civil du département de la Guadeloupe, au Port-Liberté.*

Le compte avantageux qui nous a été rendu de votre

(*) Le Jurisconsulte chargé de la défense du citoyen *Frasans*, observe que si l'affaire de la Guadeloupe ne se jugeait pas à deux

probité et de vos lumières, nous a décidés, citoyen, à vous choisir pour l'un des juges suppléans du tribunal civil de ce département, ainsi que vous le verrez par notre arrêté du 29 de ce mois, dont nous vous remettons un exemplaire ci-joint.

Nous ne doutons point que vous ne portiez dans l'exercice des fonctions auxquelles vous êtes appelé, cet esprit d'intégrité et cette scrupuleuse observation des lois, qui doivent en être inséparables, et sur lesquelles vos concitoyens ont droit de compter.

Signé : JEANNET, El. LAVEAUX, BACO.

(N°. 3.) *Extrait d'une lettre du général SERIZIAT.*

Au quartier-général à Marie-Galante, le 29 germinal an 10 de la république.

Le général Charles Seriziat, *commandant les troupes de la Guadeloupe et dépendances,*

Au citoyen Hypolite Frasans.

M. Girard qui m'a remis votre lettre, Monsieur, vous porte ma réponse.

Je vous connaissais de réputation, et j'ai été sensiblement peiné de vous voir jouer un rôle dans le gouvernement provisoire.... Je suis convaincu que la force des circonstances a tout fait : car comment supposer qu'un homme d'esprit, blanc et propriétaire, puisse donner dans une conspiration de mulâtres et de nègres ?...

Il ne faut pas croire que le gouvernement français se dispose à frapper en masse, ni même qu'il veuille choisir des victimes.... Quant à moi, je suis l'homme du

---

mille lieues du théâtre des événemens, il se serait dispensé de publier la plus grande partie des lettres et certificats qui se trouvent au nombre des pièces justificatives ci-jointes. On sentira que les témoignages écrits deviennent précieux dans une cause où l'immensité des mers sépare les accusés d'une foule de témoins qui devraient paraître devant le tribunal.

Gouvernement, jamais je ne serai *celui des petites haines et des passions particulières*. Mes principes sont ceux que j'avais en 1791, et ce sont les mêmes que j'ai conservés pendant tout le cours d'une longue révolution.

Employez tout votre crédit au maintien de l'ordre, proscrivez la divagation, calmez les têtes exaltées, et croyez qu'avec cette conduite vous aurez toujours droit à la bienveillance du Gouvernement et à l'estime de vos concitoyens.

Signé : Ch. SERIZIAT.

Basse-Terre, le 14 floréal an 10.

(Nº. 4.) *Le Commissaire du Gouvernement à la Basse-Terre,*

Au citoyen Hypolite Frasans, *Membre du Conseil provisoire.*

CITOYEN,

J'ai eu l'honneur d'écrire hier deux lettres au Conseil, pour l'aviser de l'arrivée à Marie-Galante, de l'aviso l'*Enfant prodigue*, qui a apporté la nouvelle officielle de la paix définitive, et de la confirmation de cette nouvelle par un bâtiment venu de la Martinique, qui a mouillé hier sur notre rade, et qui annonce que les Anglais l'ont reçue officiellement par une frégate. La même frégate apporte la nouvelle du départ des forces de France pour la Guadeloupe. . . . J'engage le Conseil, dans ses lettres, à envoyer un de ses membres à la Basse-Terre, le plutôt possible, à l'effet de recevoir les forces qui, suivant toutes les apparences, ne doivent pas tarder à paraître.

Je viens de lire ce matin plusieurs lettres de Marie-Galante, qui assurent que les forces sont parties de Brest, le 8 ou le 9 germinal dernier : en ce cas là elles auraient déjà trente cinq jours de mer, et nous devons les attendre à tout instant. On écrit aussi de Marie-Galante,

C

qu'il y est arrivé une corvette qui les précède. Tout nous annonce qu'elles ne sont plus éloignées.

Je désirerais donc que le Conseil, cédant à toutes les sollicitudes des habitans de cette ville, y envoyât de suite un de ses membres. Tout le monde, et moi en particulier, désirerait que ce fût vous, à cause des obligations qu'on vous a déjà. Je ne vous dissimulerai pas que j'appréhende qu'il n'y ait, dans ce moment, quelque désordre, que la puissance de l'autorité supérieure, jointe à la masse des bons citoyens, peut empêcher. Enfin il est indispensable pour le salut de la colonie, qu'il y ait un membre du Conseil en cette ville, à l'arrivée des forces.

Je regrette beaucoup que le citoyen Gédéon ne puisse agir dans ce moment, à cause d'une blessure qu'il a reçu à la jambe, d'un coup de pied de cheval : c'est un brave officier, en qui j'ai la plus haute confiance. Je ne doute point, d'après toutes ces raisons, que vous ne fassiez sentir au Conseil, la nécessité d'envoyer, le plutôt possible, un de ses membres ici, et que le choix ne tombe sur vous.

Signé : **BERNIER.**

Basse-Terre, le 17 floréal an 10.

(N°. 5.) *Le citoyen* Roydot, *Notaire public,*
Assesseur du Juge de Paix,

Au citoyen Hypolite Frasans. *à la Pointe-à-Pitre.*

MON CHER COMPATRIOTE,

S'il en faut croire les nouvelles qui se débitent ici, les forces ne doivent pas tarder à arriver. Dans ce cas, tant mieux ; mais vous savez que ce sera une circonstance importante pour la Colonie, et qui par conséquent exige des mesures et des ménagemens que la sagesse et la prudence commandent dès à présent. Je suis persuadé qu'elles n'ont point échappé au Conseil, et que déjà il s'en est occupé.

Une de ces mesures pourrait cependant être négligée : c'est votre départ pour la Basse-Terre, où votre présence est absolument nécessaire.

Le Commissaire du Gouvernement, *Bernier*, a écrit, à cet égard, au Conseil, et, quoiqu'il en résulte des peines et un dérangement pour vous, il faut, mon ami, que vous vous décidiez à appuyer ses observations, et que vous veniez. Je dis *vous*, parce que vous êtes aimé ici, et que la confiance que vous avez méritée, peut vous mettre à même d'empêcher le mal, et à plus forte raison de faire le bien. Il est de certaines personnes qui ont besoin d'être retenues, et qui, trop long-tems livrées à elles mêmes et à des conseils dangereux, pourraient être entraînées dans des démarches imprudentes, sur lesquelles on ne voudrait pas revenir, par amour-propre ou autrement, et vous devinez les conséquences à craindre.

Puisque vous avez eu le bonheur de mener la chose à bien jusqu'a présent, continuez, et ne manquez pas de venir auprès de nous. En mon particulier, je vous y engage, parce que je suis intimement convaincu que votre présence produira un grand bien, soit pour le moment, soit surtout pour l'avenir. Le commandant Pélage restant au port de la Liberté, le service n'en souffrira pas. Au surplus, s'il y avait urgence, vous en seriez prévenu.

Je sais que ces voyages sont pénibles pour vous ; mais c'est un sacrifice à ajouter à tous ceux que vous avez faits, et des droits de plus à la reconnaissance publique ; etc.. etc.

Signé : R O Y D O T (1).

---

(1). Le citoyen *Roydot* vient d'être nommé, par arrêté du PRE-MIER CONSUL, greffier en chef du tribunal de première instance à la Basse-Terre, île Guadeloupe [voyez le Moniteur du 16 fructidor an 12.]

(N°. 6.) ARMÉE DE LA GUADELOUPE.

Basse-Terre-Guadeloupe, le 2 prairial
an 10 de la république.

Le Général de Brigade GOBERT *, commandant la deuxième division ,*

Au citoyen Hypolite Frasans, *à bord de la frégate la* Consolante *, en rade.*

J'ai reçu , Citoyen , votre lettre du 30 floréal , et celle de madame veuve *Saint-Martin.* L'ancien attachement qui existe entre sa famille et la mienne , et le désir de lui en donner de nouveaux témoignages , me porteront avec plaisir à vous rendre des services auprès du général en chef , à l'égard de votre arrestation , que je considère comme une mesure provisoire , prise afin de connaître les actes et la conduite des personnes qui ont composé le dernier gouvernement de la Guadeloupe,

Au surplus , citoyen , je vous engage à vous rassurer et à croire que je prens à votre position le plus vif intérêt. Veuillez faire agréer mon respect à madame Frasans.

Signé : GOBERT.

A bord de la frégate la *Consolante*, en rade de la
Basse-Terre , le 4 prairial an 10.

(N°. 7.) *Au Général en chef* RICHEPANCE, *Capitaine-général de la Guadeloupe et dépen—dances.*

GÉNÉRAL,

J'ai été arrêté dans le sein de ma famille , à la Pointe-à-Pitre , le 20 de ce mois , et embarqué sur la frégate la *Consolante*, qui se trouve actuellement en rade de la Basse Terre. Je ne me permettrai aucune plainte à cet égard ; j'ai su m'exposer à tout pour sauver l'intéressante colonie que vous allez gouverner : je saurai endurer avec patience, un traitement que je ne dois sans doute qu'à l'effet d'une prévention dont vous reviendrez bientôt, lorsque vous aurez pris des renseignemens sur ma conduite.

Néanmoins, Général, j'ai l'honneur de vous observer que la démarche que je fis auprès de vous, lorsque vous parûtes devant la Pointe-à-Pitre, ne devait vous laisser aucun doute sur la pureté de mes intentions et sur mon dévouement à l'autorité dont vous êtes revêtu.

Je réclame de votre justice un instant d'audience, et j'espère vous convaincre que le rôle que j'ai joué, a été forcé par les circonstances les plus critiques, par la nécessité bien sentie d'opposer une digue au torrent des maux qui menaçaient la Guadeloupe.

J'ai l'honneur de vous saluer respectueusement,
Signé : Hypolite FRASANS.

A bord du *Redoutable*, le 6 prairial an 10.

(N°. 8.)

LE GÉNÉRAL EN CHEF autorise le citoyen *Frasans* à se rendre dans ses foyers, sauf à se représenter lorsqu'il en sera requis.

Le chef de l'état-major,
Signé : MÉNARD.
Vu par le général de brigade à la Pointe-à Pitre.
Signé : DUMOUTIER.

Pointe-à-Pitre, le 27 prairial an 10.

(N°. 9.) *PILLET, Chef de bataillon, Commandant d'armes de la place de la Pointe,*

Au citoyen Frasans, *ancien Membre du Conseil de la Guadeloupe.*

Le général en chef Richepance me donne l'ordre,

Citoyen, de vous inviter à passer à la Basse-Terre, où vous voudrez bien vous rendre dans le délai de trois jours, et où vous recevrez ses ordres ultérieurs.

Je vous salue.

Signé : PILLET.

(N°. 10.) *Certificat des Habitans de la Pointe-à-Pitre.*

Nous soussignés, négocians et propriétaires à la Pointe-à-Pitre, île Guadeloupe, certifions et attestons à qui il appartiendra, dans l'intention pure de rendre à la vérité un hommage qui ne peut lui être refusé, que le citoyen *Hypolite Frasans*, fixé dans la Colonie depuis l'époque où le général *Desfourneaux* vint relever l'agent *Victor Hugues*, s'y est toujours conduit de manière à mériter l'estime des gens de bien ; qu'il s'est allié à une famille des plus respectables, et exerçait l'état d'avoué près les tribunaux, uniquement occupé de son travail, et ne se mêlant en rien des affaires politiques.

Nous déclarons qu'il est à notre parfaite connaissance, qu'après le mouvement qui eut lieu dans la force armée, le 29 vendémiaire, le citoyen Hypolite Frasans fut appelé, ainsi que tous les citoyens notables, à une assemblée convoquée dans la maison commune, par le commandant Pélage ; que ce commandant ayant fait part du danger où se trouvait la Colonie, si l'on ne parvenait à ramener l'esprit du soldat, demanda, au nom du salut commun, que quelques bourgeois se joignissent à lui pour correspondre avec le capitaine général, l'éclairer sur l'état des choses et sur les moyens de rétablir l'ordre ; qu'alors trois citoyens furent choisis, par la voie du scrutin, du nombre desquels se trouva le citoyen Frasans, qui n'accepta (nous en avons l'intime conviction) que dans l'espoir de voir bientôt l'autorité légitime reprendre ses droits.

Enfin, nous déclarons être également convaincus qu'il a cédé à la force des circonstances, toujours dans

(59)

l'espoir de sauver sa famille et ses concitoyens. lorsqu'il
a pris place au *Conseil provisoire*. où le vœu général l'a
porté ; que ses soins, ses démarches ont constamment
tendu à contenir les ambitieux et les effervescens. à
rendre vaines les intrigues qui menaçaient la tranquillité
et la sûreté publique, à préparer l'heureux débarquement des forces européennes; qu'il a montré autant de
désintéressement que de fermeté et de vigilance, et qu'il
a puissamment contribué à la conservation de la Colonie,
que l'événement du 29 vendémiaire avait semblé devoir
anéantir.

En foi de quoi nous avons signé le présent, pour servir et valoir ce que de droit.

Fait à la Pointe-à-Pitre, le 29 prairial an 10 de la république française.

Signé : *Lombard*, négociant ; *Agnès*, négociant ;
Descombes, négociant ; *Saint-Omer* ; négociant ;
Raphel, négociant ; *J.-F. Raphel*, habitant planteur ; *P. Guercy*, négociant ; *J.-B. Corot*, receveur-
général des contributions ; *Babut*, propriétaire ;
Ls.-Lambert Macillier, négociant ; *J.-B. Roux*,
négociant ; *Lafontaine*, négociant; *Chevreux*, médecin ; *B. Bérard*, négociant ; *Ruste-Rézeville*,
négociant ; Victor *Bernard*, négociant ; *Servient*,
négociant ; *Landeville*, négociant; *Gibert* aîné, négociant ; *Pohl*, négociant ; *Ferraton*; négociant ; *De-
ville* aîné, négociant ; *Noirtin*, notaire public ;
E. Magnus, négociant ; *Matteï*, négociant ; *Ey-
dieux*, marchand ; *Bonneuil* frères, négocians ;
Ch. Lamey, négociant ; *Latuillerie-Dumey*, négociant ; *J.-B. Jullien*, négociant ; *Merentie* père,
négociant ; *Merentie* fils, négociant ; *Prayssas*,
négociant ; *Vigne*, pharmacien ; *Descures*, notaire
public ; *Belloc*, médecin ; *Gabriel Chauvin*, négociant ; *Dugard-Ducharmoy*, négociant ; *Magne*,
interprète-juré ; *Chardon*, directeur de l'hôpital militaire ; *Gravier*, greffier en chef du tribunal civil ;

Is.-Larue, négociant ; *Pénicaut*, notaire public ; *de Coulanges*, habitant planteur ; *Vernias* fils, négociant ; J.-Rose *Boulin*, négociant ; veuve *Engerran*, marchande ; *Galos*, négociant ; *Pierre Roux*, négociant ; *Constant*, négociant, *Saint-Martin*, marchand ; *J.-B. Brocha*, négociant ; *Jame*, négociant ; *J.-P. Pinau*, habitant planteur ; *Dihins*, négociant ; *Daburet*, négociant ; *Guilloury*, marchand ; *Beauval*, négociant ; *Gallois*, architecte ; *Lahens*, négociant ; veuve *Mascou*, propriétaire ; *Sabourdy*, instituteur de la jeunesse ; *Edward Jones*, agent commercial des Etat-Unis à la Guadeloupe ; *Liot*, marchand ; *Leroy*, propriétaire ; *P.-C. Ginet*, directeur de l'imprimerie de la république ; *Roger-Santenoise*, marchand ; *Lalaurette*, négociant ; *Dufleau*, marchand ; *P.-V. Rul*, négociant ; *Lamy*, négociant ; *Bernard*, négociant

---

(N°. 11.) *Certificat des habitans de la Basse-Terre.*

Nous soussignés, négocians et propriétaires de la ville Basse-Terre, certifions et attestons, pour rendre hommage à la vérité, que, depuis la formation du conseil provisoire, le citoyen *Hypolite Frasans*, qui était un de ses membres, s'est transporté plusieurs fois dans cette ville, à l'effet d'y tranquilliser les citoyens ; que par ses soins, il est parvenu à contenir quelques factieux qui alors étaient revêtus de l'autorité militaire dont ils abusaient, et à faire remplacer celui d'entre eux (Massoteau) qui, par sa conduite, s'était rendu le plus à craindre.

Nous certifions aussi que le citoyen Frasans a montré du désintéressement dans ses fonctions, et le désir de maintenir l'ordre.

Basse-Terre, le 1er. messidor an 10 de la république française.

Signé : *May* ; négociant ; *Roydot*, notaire ; *Du-*

jon , négociant ; *Beauvarlet*, jurisconsulte ; *Castel*, notaire ; *Laniboire*, receveur de la régie des domaines nationaux ; *Louis Espitallery*, négociant ; *P. T. Baudot*, employé dans l'administration de la marine ; *Fougas*, négociant ; *Rocher*, notaire ; *Denormandie*, jurisconsulte (*) ; *Bedon*, négociant ; *Duvivier*, juge de paix du canton de la Basse-Terre (**) ; *Espitallery*, père, médecin ; *Barbat*, négociant ; *Pélissier*, propriétaire ; *Castel*, notaire ; *Dupuch*, notaire, ex-membre du conseil des Anciens ; *Vatable*, médecin ; *Chartran*, négociant ; *L. Thébaud*, négociant ; *Costet*, négociant ; *Léon-Valeau*, négociant ; *Jusselin*, négociant ; *Pierre Souffrain*, négociant ; *Arnoux*, aîné, négociant ; *Codé*, médecin ; *A. Girard*, notaire ; *Houllier*, propriétaire ; *Jacques Vergne*, propriétaire ; *Blandin*, négociant, assesseur du juge de paix ; *Aug. Labbé*, propriétaire ; *Duc*, aîné, jurisconsulte (***) ; *Duc*, jeune, négociant ; *Forel*, libraire ; *Aymard*, négociant ; *Douzant*, négociant ; *Flink*, propriétaire ; *V. Roger*, horloger ; *Jean-Baptiste Richaud*, négociant ; *Richaud*, cadet, sous-commissaire de marine ; *Noyer*, propriétaire ; *Borry*, négociant ; *Pouzolz*, père, négociant ; *Pouzolz*, fils négociant.

(*) Le citoyen DENORMANDIE vient d'être nommé , par arrêté du PREMIER CONSUL , substitut du commissaire du gouvernement près le tribunal de première instance à la Basse-Terre. (Voyez le Moniteur du 16 fructidor an 12).

(**) Le citoyen DUVIVIER, ancien avocat, fut nommé juge de paix du canton de la Basse-Terre, par le conseil provisoire. Il vient d'être nommé , par arrêté du PREMIER CONSUL , juge du tribunal d'appel de la Guadeloupe. (Voyez le Moniteur du 16 fructidor an 12.

(***) Le citoyen DUC , aîné , vient d'être nommé, par arrêté du PREMIER CONSUL , commissaire du gouvernement près le triunal de Première instance à la Basse-Terre. (Voyez le Moniteur du 16 fructidor an 12.)

(45)

(N°. 12.) *Extrait d'une lettre écrite par monsieur* GRAVIER, *greffier en chef du tribunal civil de la Guadeloupe ;*

A M. CHASSAIGNE, *employé à la comptabilité intermédiaire, à Paris.*

Pointe-à-Pitre, messidor an 10.

Je te parlerais des événemens qui ont eu lieu en cette colonie, depuis le 29 vendémiaire dernier.... Mais je laisse au porteur de la présente le soin de t'en faire le récit alarmant, puisque cet ami infortuné est encore obligé de conserver le souvenir des scènes d'horreurs qui se sont passées depuis cette époque, et que, victime de son dévouement à la chose publique, il est obligé d'aller se justifier auprès du gouvernement, pour avoir été membre du conseil de Pélage.

Hélas ! il y a long-tems que nous n'existerions plus s'il ne se fût trouvé personne d'assez généreux pour former ce conseil ! Et qui pouvait mieux que M. *Frasans*, arrêter par ses avis, sa douceur, son ton persuasif, ses talens et sa modération, le cours d'une insurrection qui se manifestait avec tant de violence ? Il a rempli bien dignement sa tâche ! N'est-il pas cruel que celui qui s'est opposé aux mal intentionnés avec force, qui a tout sacrifié pour sauver ses concitoyens, qui n'a cessé d'arrêter, par son énergie, les poignards levés sur leurs têtes, soit obligé d'aller établir au loin une justification qu'il aurait trouvée dans le cœur de tous les colons ? etc.

Signé : GRAVIER (*).

(*) M. GRAVIER vient d'être nommé, par arrêté du PREMIER CONSUL, greffier en chef au tribunal de première instance à la Pointe-à-Pitre. (Voyez le Moniteur du 16 fructidor an 12.)

(N°. 13.) *Extrait d'une lettre écrite par monsieur RAPHEL, habitant planteur au canton du Petit-Bourg, île Guadeloupe ;*

A M. BENOIT-DE-CAVAY, chef de division au ministère de l'intérieur, à Paris.

Pointe-à-Pitre, messidor an 10.

Ma lettre vous sera remise par M. *Hypolite Frasans*, homme honnête, et qui tient à l'une des familles les plus respectables de cette colonie. Il faisait partie du gouvernement provisoire que les circonstances ont forcé d'établir, après l'embarquement du contre-amiral Lacrosse. Il y fut porté par le vœu général de ses concitoyens, dont il a pleinement justifié la confiance, par une conduite aussi adroite que sage et désintéressée. Il fallait être ici pour juger de la position des choses, et des dangers que nous avons courus. Si vous désirez à cet égard des renseignemens positifs, il est parfaitement en état de vous les donner. Je ne doute pas que vous n'ayez de puissans moyens d'éclairer le gouvernement, etc.

Signé : J. F. RAPHEL.

(N°. 14.) *Extrait d'une lettre écrite par monsieur LOMBARD, négociant de la Pointe-à-Pitre, et l'un des plus riches propriétaires de la colonie ;*

A M. RÉCAMIER, banquier à Paris.

Pointe-à-Pitre, messidor an 10.

MONSIEUR,

Les grands services que M. *Frasans* a rendu à cette colonie, depuis le 29 vendémiaire dernier, et la conduite estimable qu'il y a tenue depuis qu'il l'habite, me prescrivent le devoir de lui en témoigner ma reconnaissance, en le recommandant particulièrement aux per-

tion ; *mais il faut qu'il puisse être entendu*, et c'est tout ce
que je demande pour lui. etc.

Signé : B E A U V A R L E T (1).

(N°. 18.) *Extrait d'une lettre écrite par M.
Girard, Visiteur de la douane, à la Pointe-
à-Pitre*,

A M. Vilaire, à Paris.

Pointe-à-Pitre, messidor an 10.

M. *Frasans*, gendre de la maison *Saint-Martin*, l'une
des plus respectables de la Colonie, vous remettra cette
lettre. Il est un de ceux qui, après l'affaire du 29 vendémiaire, où M. Lacrosse, capitaine général, fut embarqué, ont été nommés par la masse des habitans,
pour composer un gouvernement provisoire, et retenir
l'audace des rebelles. Il a particulièrement justifié l'attente de ses concitoyens ; la partie où il s'est trouvé,
lorsque les forces de France se sont présentées, a été
intacte. Comme il va rendre compte de cet événement,
si vous pouvez lui être utile par vos connaissances, je
vous en aurai la plus grande obligation. C'est un jeune
homme d'une très-bonne famille, qui a éprouvé toute
sorte de malheurs dans la révolution, et qui était bien
loin de vouloir être chef de parti : j'en ai moi-même la
conviction ; et si le brave général *Sériziat* n'était pas
mort, M. *Frasans* aurait porté en France, des certificats
de ce digne homme, qui était aimé et considéré de tout
le pays. Il a été en correspondance avec lui pendant son
séjour à Marie-Galante, et c'est moi même qui était
chargé d'entretenir cette intelligence, etc.

Signé : G I R A R D.

---

(1) M. BEAUVARLET vient d'être nommé, par arrêté du PREMIER
CONSUL, substitut du commissaire du Gouvernement près le tribunal
de première instance, à la Pointe-à-Pitre (voyez le Moniteur du 16
fructidor an 12).

sonnes qui, comme vous, sont à portée de le faire connaître du gouvernement sous ces rapports favorables. J'ose espérer, monsieur, que vous voudrez bien me rendre ce service important, ainsi que la justice de me croire incapable de réclamer vos bons offices pour quelqu'un qui en serait indigne........

Ce furent les talens et les bonnes qualités de M. Frasans, qui fixèrent le choix de ses concitoyens dans une assemblée qui fut convoquée par le commandant Pélage, après l'événement du 29 vendémiaire : il a constamment justifié la bonne opinion qu'ils en avaient, en faisant tout le bien qu'il a pu, et en empêchant *le grand mal qu'on voulait nous faire* Aucune vue d'ambition ni d'intérêt n'a guidé sa conduite ; il a fait le sacrifice de son état, de sa fortune et de son repos, pour servir gratuitement la colonie. Par quelle fatalité lui ferait on un crime de nous avoir préservés des dangers qui nous menaçaient ? Ce sont des éloges et des récompenses qu'il mérite, et non d'être recherché....

Je ne suis ni parent, ni ami particulier de M. *Frasans*, mais, je vous le répète, je me fais un devoir de rendre hommage à la vérité. Veuillez la faire connaître au gouvernement, monsieur : je suis persuadé qu'on l'obligera en lui fournissant les occasions de faire des actes de justice, et nous en avons grand besoin.

J'ai l'honneur d'être, etc.

Signé : LOMBARD.

(N°. 15.) *Extrait d'une lettre écrite par monsieur* PÉNICAULT, *notaire public à la Pointe-à-Pitre ;*

A M. REYNAUD-LASCOURS, *membre du corps législatif, à Paris.*

Pointe-à-Pitre, messidor an 10.

. . . .

Ma lettre vous sera remise par M. *Frasans*, homme de

loi. Ce jeune homme, venu à la Guadeloupe avec le général *Desfourneaux*, s'y est marié avec une demoiselle St. *Martin*, qui appartient à l'une de nos familles les plus distinguées ; il y a exercé avec honneur les fonctions d'homme de loi, et s'est attiré l'estime et la considération de tous ses concitoyens par sa bonne conduite.

Lors du mouvement du 29 vendémiaire, M. Frasans fut nommé, ainsi que moi, *commissaire provisoire* pour le maintien de l'ordre dans la colonie ; nous y avons coopéré quelques jours ensemble . . . . . Il fut ensuite nommé membre du Conseil.

Le Conseil formant le gouvernement provisoire a maintenu l'ordre et la tranquillité dans la colonie, et nous a préservés des malheurs dont nous étions sans cesse menacés . . . .
La conduite des membres du conseil mérite à cet égard les plus grands éloges ; et s'ils eussent été consultés par les chefs de la division venue de France, nous n'aurions pas sans doute éprouvé les malheurs dont la colonie vient d'être affligée ; ils auraient fait connaître les hommes dont il fallait se méfier, et auraient indiqué les moyens d'empêcher les mal-intentionnés de se livrer à leurs projets destructeurs.

Loin d'être consultés, les membres du conseil ont été dans les premiers momens, ainsi que *Delort* et moi, portés sur une liste de proscription ; ils ont été arrêtés et constitués prisonnier sur un bâtiment de l'Etat. . . . . .

Je prends la liberté de vous adresser et de vous recommander M. *Frasans*, comme mon ami, que j'estime beaucoup. Il est propriétaire et père de famille ; il a des liaisons d'affaires dans ce pays, *d'où une absence trop prolongée lui ferait des torts infinis.* Je vous prie donc de vous intéresser à son sort. Il vous rendra compte de tout ce qui s'est passé dans ce pays : ajoutez foi au récit fidèle qu'il vous en fera, comme si vous le teniez de moi-même : c'est un homme d'honneur, incapable d'en imposer, pour rendre sa cause favorable, etc. etc.

Signé: PÉNICAUT.

(N°. 16.) *Extrait d'une lettre écrite par M.*
RAPHEL, Négociant de la Pointe-à-Pitre,

A M. PORTALIS, Conseiller d'Etat à Paris.

Pointe-à-Pitre, messidor an 10.

. . . .

M. *Frasans*, porteur de cette lettre, est mon bon
ami; si sous ce rapport et celui d'une famille des plus
respectables, à laquelle il tient ici, vous pouviez lui
être favorable, je vous en aurai la plus grande obligation. Veuillez l'écouter, et croyez à ce qu'il vous dira.
Jetez les yeux ensuite sur les malheurs qui viennent d'af-
fliger la Guadeloupe; vous vous convaincrez facilement
des moyens qu'il a fallu employer pour maintenir la
tranquillité, lorsque nous étions sous l'autorité illégi-
time. Je me flatte qu'il trouvera auprès de vous, bonté
et justice, etc.

Signé : RAPHEL.

———————————

(N°. 17.) *Extrait d'une lettre écrite par M. BEAU-*
VARLET, Jurisconsulte, habitant de la Basse-
Terre ,

A M. CHAUDRY, Chef de bureau au ministère de
la Marine, à Paris.

Basse-Terre, messidor an 10.

. . . .

Les membres du Conseil provisoire de la Guadeloupe
sont envoyés en France. Je vous recommande particulièrement *Frasans*, l'un d'eux : il me paraît dans toute
cette affaire, et dans ce qui le concerne, qu'il suffit
qu'il puisse être entendu pour se justifier pleinement....
Je réclame donc que vous facilitiez au citoyen *Frasans*,
l'entrée des bureaux : sa conduite et les titres dont il
est porteur, lui serviront de puissantes recommanda-

(N°. 19.) *Extrait d'une lettre écrite par monsieur Rodolphe* SERIZIAT, *commissaire des guerres à la Pointe-à-Pitre ;*

A son frère, magistrat de sureté à Paris.

Pointe-à-Pitre , messidor an 10.

Tu recevras la présente par M. *Frasans* , homme de loi , résidant en cette colonie . ami de notre frère défunt , et particulièrement recommandé par l'ami *Girard.* Rends-lui tous les services qui dépendront de toi , et fais pour lui ce que nous ferions pour quelqu'un que tu nous recommanderais ainsi. Il te fera connaître de vive voix la position affligeante de la colonie , etc.

Signé : Rodolphe SERIZIAT.

(N°. 20.)

Armée de la Guadeloupe. — Etat-Major Général.

Au quartier-général de la Basse-Terre, île Guadeloupe , le 18 messidor an 10 de la république.

MÉNARD , *Adjudant — Commandant , chef de l'Etat-Major-Général.*

D'après les ordres du commandant en chef , le citoyen Frasans se rendra à bord du vaisseau le *Redoutable* , pour passer en France. Arrivé à Brest , il se présentera au préfet maritime , qui lui donnera ses ordres pour se rendre à Paris , où il sera à la disposition du ministre de la marine. *Signé :* MÉNARD.

A bord du REDOUTABLE , en rade de la Basse-Terre ; le 18 messidor an 10.

(N°. 21.) BOUVET , *Contre-Amiral, commandant en rade ;*

Au citoyen BESCOND , *Capitaine de vaisseau, commandant le* Fougueux.

Je vous préviens , citoyen , que , par une nouvelle

disposition du général en chef Richepance, tous les habitans et militaires qui ont reçu l'ordre de passer en France, et qui étaient sur le vaisseau le *Redoutable*, s'embarqueront sur celui que vous commandez.

En conséquence de cet ordre, vous recevrez à votre bord les citoyens *Pélage*, *Frasans*, *Corneille*, *Piaud*, etc.

Sur la demande qu'ont faite plusieurs d'entr'eux au général en chef, il autorise le passage de l'épouse et de la belle-mère du citoyen *Pélage*, avec un domestique; de l'épouse et de la domestique du citoyen *Frasans*; et encore, de l'épouse, d'un enfant et d'une domestique du citoyen *Piaud*, etc.

Leur embarquement ayant lieu d'après les ordres du gouvernement français, le général Richepance croit qu'ils doivent recevoir à bord le traitement dû à des passagers ainsi considérés..... Il invite aussi à accorder aux personnes de leur famille le traitement de table de l'état-major.

Signé : BOUVET.

Pour copie conforme., *signé*, BESCOND.

(N°. 22.) *Lettre au général divisionnaire* ERNOUF, *après sa nomination à la place de Capitaine-général de la Guadeloupe.*

Paris, le 28 ventose an 11.

GÉNÉRAL,

Tous les habitans de la Guadeloupe qui se trouvent actuellement à Paris se sont empressés d'aller vous rendre leurs devoirs, et vous témoigner la satisfaction qu'ils ont de vous savoir nommé au gouvernement de cette colonie : aucun ne m'eût prévenu, si j'eusse été libre de céder au mouvement qui me portait vers vous ; mais ma position, dont mon frère a eu l'honneur de vous entretenir, ne me permet que le moyen d'une lettre ; pour vous adresser l'expression de mes sentimens : veuillez l'accueillir avec bonté.

Je ne suis pas né à la Guadeloupe, Général, mais j'y

D

ai formé les liens les plus chers ; j'y ai beaucoup de parens et d'amis particuliers : je ne puis donc être indifférent au sort de ce pays, qui a tant souffert des malheureux événemens de l'an 10, et qui a si grand besoin de dédommagemens. C'est vous qui êtes chargé de le rendre au bonheur : une telle mission est bien digne d'un homme illustré dans la carrière des armes, qui ne trouve plus d'autre gloire à acquérir que celle de se montrer sage administrateur en tems de paix. Les intentions et les vues dont vous avez bien voulu entretenir mon frère, ne me laissent aucun doute sur vos succès.

J'ai l'honneur de vous offrir ci joint quelques renseignemens, auxquels j'aurais donné plus d'étendue, si je n'avais besoin de tout mon tems pour me préparer à ma défense devant le tribunal qui doit me juger. Ce n'est là que le sommaire d'une très-petite partie des connaissances que vous acquerrez bientôt sur les lieux, soit en conférant avec les principaux habitans, soit par la lecture de plusieurs bons ouvrages qui traitent des Colonies. En comparant ma manière de voir avec ce que disent des auteurs tels que M. *Malouet*, M. *De Pradt*, etc. et ce que vous entendrez répéter par tous les colons propriétaires et négocians, vous jugerez de mes principes ; comme j'ose me flatter que tous les rapports qui vous seront faits sur ma conduite, la justifieront pleinement dans votre esprit.

Je joins à mes notes, une liste des personnes de la Guadeloupe, que je prends la liberté de recommander à votre bienveillance, et que je ne crains pas de vous donner pour ce qu'il y a de mieux dans la Colonie. Ce n'est pas qu'il ne s'y trouve un grand nombre d'autres personnes respectables, surtout depuis la rentrée des anciens propriétaires ; mais je me borne à vous indiquer celles qui me sont plus particulièrement connues. Quant aux intriguans, car on en voit à la Guadeloupe comme partout ailleurs, je peux me dispenser de vous en entretenir : vous n'aurez que trop d'occasions de les distinguer, etc.

J'ai l'honneur d'être, etc.

Signé : Hypolite **FRASANS**.

NOTES

Offertes au Général ERNOUF, à son départ pour la Guadeloupe.

Description abrégée de la Guadeloupe et dépendances.

La Colonie de la Guadeloupe et dépendances comprend l'île *Guadeloupe*, l'île *Marie Galante*, l'île *Désirade*, les *Saintes* et la moitié de l'île *Saint Martin*, dont l'autre moitié appartient aux Hollandais.

La *Guadeloupe* est divisée en deux parties par un canal de mer très-étroit, appelé la *Rivière Salée*.

La partie orientale, autrement dite *Grande-Terre*, est la plus grande et la plus riche par ses productions, quoiqu'elle ne soit arrosée d'aucune rivière. Le sucre ne s'y fabrique qu'à l'aide des moulins à vent. La ville de la *Pointe-à-Pitre* est dans cette partie.

La partie occidentale ou *Guadeloupe* proprement dite, a des montagnes fort élevées, et par conséquent beaucoup de petites rivières, qui, dans les tems de pluie ou l'*hivernage*, deviennent des torrens considérables. La ville de la *Basse-Terre* en est le chef lieu.

Cette dernière ville est placée moins avantageusement pour le commerce que la Pointe à-Pitre ; mais le séjour en est plus agréable. Elle a des eaux abondantes. Le palais du Gouvernement y occupe un superbe emplacement, et il est facile de le rendre plus logeable. A la Pointe-à-Pitre, le Gouvernement, depuis *Victor Hugues*, a occupé une fort belle maison sur le bord de la mer ; mais cette maison était injustement séquestrée : dans l'ordre des choses actuel, elle sera remise à la famille *Darluc*, qui en est propriétaire ; il faudra donc que le Gouvernement, pour avoir au moins un pied à terre à la Pointe-à-Pitre, loue une maison, ou en fasse bâtir une : dans ce dernier cas, le plateau du morne de la *Victoire* offre le site le plus salubre et le plus agréable.

L'île de *Marie Galante*, séparée de la Guadeloupe par un canal de six ou sept lieues de large, est un pays presque plat et sans eaux, comme la Grande-Terre. Elle est administrée par un commissaire du Gouvernement de la Guadeloupe et un sous-commissaire de marine. Le commandement militaire est actuellement entre les mains d'un chef de bataillon; mais en tems de paix, où beaucoup d'officiers supérieurs sont sans activité, c'est un joli commandement pour un chef de brigade. On compte dans cette île, environ dix mille habitans de toutes couleurs.

L'île de la *Desirade* n'est guères qu'un rocher, à trois lieues au vent de la Grande-Terre : on y compte à peine quarante familles, qui, avec environ 500 nègres, cultivent le coton et élèvent des bestiaux. Les habitans de cette petite île sont très-simples, et le délégué du Gouvernement doit être pour eux un bon père plutôt qu'un chef. Depuis quelque tems le commandant militaire était à la fois commissaire civil. C'est le poste d'un lieutenant, tout au plus d'un capitaine ; un général de brigade l'occupe aujourd'hui.

Les *Saintes* sont trois petites îles à trois lieues au sud de la Guadeloupe, proprement dite. Elles forment une rade superbe et très sûre, où les bâtimens de l'Etat peuvent hiverner. Les Anglais s'en étaient emparés au commencement de la guerre, et ne les ont rendues qu'après le traité d'Amiens Leur population n'excède guères celle de la Désirade. On y récolte un peu de coton. Les Anglais en ont augmenté les fortifications Ce commandement convient à un capitaine.

La partie française de *Saint-Martin* est fort riche ; eu égard à son peu d'étendue : elle contient plusieurs belles sucreries, et des salines dont on peut tirer grand parti. Cet île est éloignée de la Guadeloupe, d'une vingtaine de lieues dans le nord : elle se trouve placée entre l'île suédoise de *Saint-Barthélemy* et une île anglaise appelée l'*Anguille*. Cette position, l'éloignement du siége du Gouvernement, le voisinage des Hollandais, qui sont maîtres de l'autre moitié de l'île, exigent que le commandement militaire de la partie française de St-Martin soit confié à un chef de brigade, ou même à un général de brigade. Il y faut aussi un commissaire civil distingué par son mérite et par sa tenue.

État actuel de la Guadeloupe.

La Grande-Terre est dans un état de prospérité qui ne tend qu'à l'amélioration : elle a très-peu souffert dans les derniers événemens ; les environs de la Pointe-à-Pitre ont seuls été incendiés. La Guadeloupe, proprement dite, a essuyé des pertes considérables : les quartiers ou cantons de la *Goyave*, de la *Capesterre*, des *Trois-Rivières* et de la *Basse-Terre* (extrà-muros), sont presqu'entièrement brulés ; ceux du *Petit-Bourg* et de la *Baie-Mahaut* le sont à moitié ; ceux du *Lamentin* et du *Bailif* le sont au quart. Il n'y a d'intact que *Sainte-Rose*, *Deshayes*, la *Pointe Noire*, *Bouillante* et les *Habitans*. Ces cinq derniers cantons étaient les moins riches

La population de la Guadeloupe, quant aux nègres cultivateurs et domestiques, s'élevait, en 1789, à plus de cent mille. Le nombre en est beaucoup diminué depuis, par l'interruption de la traite, par les enrôlemens dans la force armée, par les combats contre les Anglais à la prise et reprise de la Colonie, par les courses maritimes, etc., et surtout par la malheureuse guerre que nous avons eu à soutenir contr'eux après le débarquement du général Richepance. On peut calculer que leur nombre se trouve réduit aujourd'hui à peu près à 60,000.

Voilà donc de grandes pertes à réparer : la Guadeloupe peut être considérée comme un malade épuisé par de graves accidens, et dont la convalescence demande les plus grands ménagemens Je vais essayer d'indiquer les moyens de soulager les habitans, en diminuant les dépenses, qui ne pourraient continuer sur le même pied que par le passé, sans un surcroît d'impôts, puisque le gouvernement de la Colonie n'aura plus le revenu des propriétés sequestrées, qui s'élevait à près de 9 millions. J'offrirai aussi quelques vues sur le commerce, qui pourrait en peu de tems ramener l'abondance et relever les fortunes.

Moyens de restauration.

Avant la révolution, l'administration de la Guadeloupe était fort simple, et ne coûtait pas le quart de ce qu'elle a coûté depuis. Il n'y avait pas de commissaires civils dans les différens quartiers : chaque quartier était régi par un commandant militaire, et encore ces places étaient purement honoraires ; on les donnaient à de riches habitans qui avaient servi un certain nombre d'années dans la milice coloniale. *Le Conseil supérieur*, composé des colons les plus distingués par leur fortune et leurs lumières, ne recevait non plus aucun traitement. Les tribunaux inférieurs ou *sénéchaussées* n'étaient pas plus à charge au trésor public : le seul procureur du roi avait des appointemens ; le sénéchal et le lieutenant de juge, ainsi que le greffier, retiraient des droits sur les procédures : les plaideurs faisaient donc seuls les frais de la justice, ce qui est assez dans l'ordre. Il conviendrait de revenir, autant que possible, à ces anciennes institutions, qui avaient été calculées sur la difficulté de faire supporter aux colons des impôts trop rigoureux, difficulté reconnue par tous les écrivains judicieux qui ont traité des colonies.

Il y a eu déjà beaucoup de réformes dans les places inutiles et onéreuses qui existaient à la Guadeloupe depuis l'an 7. Plusieurs autres pourraient encore être supprimées ; par exemple, l'administration des domaines nationaux : car la seule administration dite *de la marine*, à la tête de laquelle se trouve aujourd'hui le préfet colonial, peut facilement, comme autrefois, embrasser toutes les parties qui tiennent aux finances.

Cet esprit d'économie devrait se porter aussi sur la force armée, s'il ne convenait pas d'entretenir un corps de troupes suffisant pour contenir ceux des nègres dans le cœur desquels pourrait germer encore quelque levain d'insurrection. Néanmoins ce serait pousser cette précaution trop loin que de conserver quatre mille cinq ou six cents hommes, comme on a fait pendant toute la guerre ; il ne convient pas non plus de se mettre tout à fait sur le pied de paix. Ainsi, je pense que deux mille cinq cents hommes, toujours au complet et presque tous blancs, suffiraient. On trouvera même que c'est beaucoup trop, si la Métropole ne fait pas les fonds de leur solde, comme dans l'ancien régime.

Dans les circonstances actuelles, plus que jamais, le commerce de la Guadeloupe a besoin des plus grands

encouragemens, et par conséquent d'une entière liberté. Si donc il devient indispensable d'augmenter les
droits d'importation et d'exportation, pour remplacer
en partie les revenus dont le gouvernement va se trouver privé par la remise des propriétés séquestrées, que
ce soit du moins avec beaucoup de réserve, et après
avoir recueilli à ce sujet l'avis des négocians des deux
villes ; car je me plais à dire que leur intérêt personnel
ne les aveugle pas sur les besoins du gouvernement, et
qu'ils iront au-devant de ce qu'on pourra exiger d'eux,
toutes les fois qu'ils trouveront dans un chef de la loyau-
té, de la bonne foi et de la modération.

Ce n'est pas seulement pour ménager les colons, qu'il
convient de ne pas porter trop haut les droits sur le commerce : c'est aussi parce qu'aucun port de France ne
ferait des expéditions pour cette colonie. Je donnerai
pour exemple ce qui vient d'arriver à St. Domingue :
beaucoup de négocians de Marseille, Bordeaux, Nantes,
le Hâvre, etc., s'étaient empressés d'y envoyer des car-
gaisons ; on les a écrasés de frais : plusieurs d'entr'eux ont
fait des faillites considérables, aucun n'a gagné, tous se
sont dégoûtés, et les armemens ont cessé.

Le commerce avec la métropole n'est pas le seul à
protéger. Il faudrait trop long-tems pour rétablir la colonie dans sa prospérité première, si l'on n'appelait pas
des secours étrangers. On a besoin surtout des anglo-
américains pour les salaisons, pour les bois nécessaires
à la reconstruction de tous les bâtimens incendiés, pour
les bœufs, chevaux, moutons, volailles, etc. Un bon ac-
cueil aux premiers qui paraîtront, les attirera bientôt
par centaines. Dans l'an 10, le président des Etats-Unis,
Jefferson, avait envoyé à la Guadeloupe, pour y rési-
der, un commissaire aux relations commerciales. le
Conseil provisoire l'accueillit avec distinction ; ses pouvoirs furent enregistrés, et il exerça jusqu'à l'arrivée du
général Richepance. Alors le citoyen *Lescallier* lui donna
congé. Je ne saurais dire à quel bien tendait cette mesure.

Moyens d'assurer la tranquillité intérieure de
la colonie.

La France est tranquille, parce que le gouvernement

qu'elle doit au 18 brumaire, a employé la plus heureuse
politique pour faire finir la révolution, pour rapprocher
les partis, éteindre les haines, guérir toutes les plaies. La
même politique produira les mêmes effets à la Guadeloupe. Il ne faut plus qu'il y soit question du passé. Si
d'un côté, les propriétaires que la terreur avait fait fuir
anciennement, y sont rappelés, si leurs biens leur sont
remis, s'ils jouissent de la protection du gouvernement;
d'un autre côté, il ne conviendrait pas de rechercher,
de proscrire les hommes qui ont été trop ardens révolutionnaires. D'ailleurs, il en reste trop peu à la Guadeloupe, pour qu'ils puissent espérer d'y relever *la fac-*
tion, et si l'on a pour eux de l'indulgence, ils se con-
damneront d'eux mêmes à vivre dans l'oubli : le règne
des lois, des mœurs et de la religion, les tiendra écar-
tés, comme l'éclat du grand jour fait cacher les oiseaux
nocturnes. Ainsi les passions se calmèront ; ainsi les
choses rentreront, sans secousse, sans le moindre effort,
dans cet ancien ordre que le renversement du système
colonial avait si malheureusement dérangé.

Il ne faut pas croire que les nègres cultivateurs soient
difficiles à contenir dans le devoir ; ils sont las de cette
prétendue liberté qui ne leur a servi qu'à les accabler
de misère, ils voyent le retour de leurs anciens maîtres
avec plaisir, et se rangent d'eux-mêmes sous la discipline
dont ils n'avaient jamais demandé d'être affranchis. Les
seuls nègres qui servaient depuis long tems dans la force
armée ou sur les corsaires, étaient à craindre; mais ceux
qui n'ont pas péri dans les combats contre le général Richepance, ont presque tous été renvoyés de la colonie.
Il ne reste plus qu'un très-foible noyau d'insurgés dans
les montagnes : avec une amnistie, on les amènera sans
peine à se rendre, en employant quelques émissaires
adroits. Il suffira donc, pour la sûreté des campagnes,
de placer dans chaque bourg un petit détachement de
troupes de ligne, qui secondera au besoin les habitans
accoutumés à exercer par eux-mêmes une surveillance
très-active, et formés en compagnies de dragons.

Il ne faut pas croire non plus que tous les hommes de
couleur de la Guadeloupe soient ennemis de la tranquillité publique : on compte parmi eux beaucoup d'anciens
libres et propriétaires qui ont toujours fait cause com-

mune avec les blancs , et qui méritent d'être distingués.
En général , on peut dire que les hommes de couleur ,
qui se sont mal conduits à la Guadeloupe , étaient étrangers à cette colonie : c'étaient des réfugiés de la Martinique , St. Lucie , et autres îles françaises au pouvoir
des Anglais. En saine politique coloniale , il convient
de ne pas humilier cette classe d'hommes , parce qu'ils
se placent toujours d'eux-mêmes au-dessus des noirs ,
et la persécution seule peut les forcer de s'unir à ces
derniers contre les blancs. Peu d'entr'eux sont capables
d'occuper des places : ils font le commerce ; ils s'atta-
chent à cultiver quelques propriétés , ou à exercer des
métiers ; il en est aussi qui peuvent être employés uti-
lement dans la force armée où ils ont , pendant dix ans ,
fait preuves de bravoure , de soumission et de fidélité.
Le général Ernouf est trop juste et trop humain , pour
suivre à leur égard les erremens de son prédécesseur
qui , après les avoir appelés ses *frères et amis* , en 1793 ,
après leur avoir dit qu'ils étaient le *vrai peuple* des colonies , après les avoir excités au massacre des blancs , est
venu , en l'an 9 , leur annoncer qu'il allait les faire ren-
trer dans le néant , les déporter , les dépouiller de leurs
biens. Le citoyen Lacrosse perdit la Guadeloupe , en
1793 , par ses excès révolutionnaires : il l'a perdue encore , en l'an 9 , par des excès non moins blâmables....
La modération du général Ernouf, jointe à une fermeté
nécessaire, consolera les habitans de cette intéressante
colonie.

Je termine en disant , avec l'auteur d'un *voyage à la
Louisiane* : « Pour bien gouverner une colonie , il ne faut
» point d'exagération dans les moyens, point de vio-
» lence dans leur exécution. Un bon plan , et tout ira
» seul dans des régions où les hommes sont naturelle-
» ment raisonnables, quand on n'échauffe pas leurs
» passions par des injustices. »